Alfred Fouillée

La Philosophie
du suffrage universel

Essai

ISBN : 978-1545405352

10 9 8 7 6 5 4 3 2 1

Alfred Fouillée

La Philosophie
du suffrage universel

Essai

Table de Matières

Introduction

Le suffrage universel est la forme inévitable de la démocratie, et la démocratie est la forme non moins inévitable des sociétés modernes. « Il est, dit M. Schérer, indigne d'un homme sérieux, quelque sentiment que la démocratie lui inspire, de se flatter qu'on en puisse venir à bout. » M. Bluntschli, ancien professeur de droit public en Allemagne [1], reconnaît également qu'un large courant démocratique se fait partout sentir et qu'il est chimérique de prétendre lui résister. La démocratie est un milieu existant, « une atmosphère ; » au lieu de vouloir vivre en dehors, il faut s'en pénétrer et chercher les meilleurs moyens de la rendre respirable.

C'est surtout en France que le suffrage universel s'est développé. C'est aussi en France qu'on en a fait la théorie et qu'on en a le plus discuté les mérites ou les défauts ; enfin, on a vu chez nous l'institution à l'œuvre : si on lui a dû des améliorations incontestables, on lui a dû aussi de grands déboires. L'exemple de l'Amérique et de la Suisse, comme celui de la France, inspire aujourd'hui de légitimes inquiétudes à ceux qui n'admettent pas le dogme de l'infaillibilité du peuple. Le suffrage universel a ses contradictions intimes, ses « antinomies, » qui sont comme autant d'énigmes que la démocratie doit résoudre. D'une part, le progrès ne peut se faire que par une concurrence et une sélection soit entre les divers peuples, soit entre les citoyens d'un même peuple ; et l'instrument de cette sélection, c'est une certaine inégalité qui permet aux éléments supérieurs de l'emporter dans la lutte. D'autre part, la démocratie repose sur l'égalité. Dès lors, n'y a-t-il point une essentielle contradiction entre la politique du progrès, qui s'efforce d'assurer le libre essor des supériorités, et la politique démocratique, qui tend à établir l'égalité universelle ? Voilà le problème inquiétant qui s'impose au philosophe relativement à l'avenir des démocraties. Beaucoup d'esprits se demandent, avec M. Schérer, si l'égalité ne menace pas les sociétés démocratiques d'un abaissement progressif, tout comme la fraternité, qui conserve artificiellement les faibles, menace notre espèce d'un abâtardissement progressif. Grâce à la fraternité, le phtisique et le scrofuleux vivent, mais la race en souffre ; de même, grâce à l'égalité politique, l'ignorant et le paresseux sont électeurs, mais l'état en pâtit. Comment admettre tout le monde au partage de la puissance sociale sans y admettre une quantité d'incapables et d'indignes dont l'action affectera le corps social, l'administration publique, le caractère national ? Ce que les mauvais gagneront, tous ceux qui valent mieux qu'eux ne l'auront-ils point perdu [2] ? Par une sorte d'ironie de l'histoire, les vertus mêmes des sociétés modernes, liberté, égalité, fraternité, seraient ainsi des germes de ruine. Visant au progrès, ces sociétés seraient condamnées au recul ; aspirant à ennoblir la condition humaine, elles ne réussiraient qu'à la corrompre. Toutes ces contradictions reviennent à l'antinomie fondamentale du *droit* de suffrage, accordé à tous, et de la *capacité*, qui n'appartient réellement qu'à un certain nombre : c'est l'éternelle opposition de la démocratie politique et de l'aristocratie naturelle. Si les sociétés modernes n'arrivent pas à résoudre ces problèmes, elles périront nécessairement. Sans prétendre à une solution complète, le philosophe peut du moins tenter de poser exactement les questions, appeler sur les difficultés l'attention de tous et indiquer des méthodes générales pour les résoudre. Nous essaierons d'esquisser ici, dans ses traits principaux, la philosophie du suffrage universel. Il en est qui en font une religion : nous nous tiendrons plus près de terre. Nous rechercherons le principe et le but de cette institution tout humaine, ses effets avantageux ou nuisibles, enfin les moyens de la relever, parmi lesquels le plus efficace est encore l'éducation nationale. Chacun doit, pour sa part, s'efforcer de se faire à ce sujet des idées exactes, car nulle question n'est plus vitale pour notre pays ; nulle aussi n'intéresse davantage les autres peuples : nulle n'est plus nationale et plus universelle.

Section I

Il y a trois théories, principales du suffrage. En premier lieu, on peut le considérer comme la métamorphose dernière de la force et de la lutte pour la vie, qui, selon les partisans de Darwin, régit l'humanité. Puisqu'il faut, tôt ou tard, en venir à un traité de paix, faisons-le avant la bataille au lieu de le faire après, remplaçons les coups de fusil par les bulletins de vote. Ainsi nous aurons fait une économie d'hommes et de forces, une réserve de puissance vive qui sera utilisée à un meilleur usage. Le suffrage universel peut être défini, à ce point de vue, un moyen que la force emploie, dans les sociétés modernes, pour se calculer elle-même et se donner la conscience de soi en même temps que la conscience des forces contraires.

La seconde théorie du suffrage le recommande au nom de l'utilité et du bonheur commun ; les nations modernes, de plus en plus émancipées, ne se trouvent heureuses que si elles font en définitive ce qu'elles veulent, si elles reconnaissent dans leur état présent le résultat de leur volonté présente, tout en conservant le pouvoir de modifier leur situation en modifiant leur volonté. Quand l'avis de tous n'est pas le meilleur possible, du moins il est le plus propre à satisfaire actuellement tout le monde : l'expérience fera reconnaître en quoi il faut l'amender. — Oui, mais s'il est trop tard ? Il y a des expériences qui aboutissent à la perte d'une province ; il y en a qui peuvent aboutir à la ruine d'une nation. M. Spencer a beau nous dire : — « Les vœux de chaque individu sont l'expression de ses besoins tels qu'il les sent ; les vœux d'une nation sont de même le produit d'un besoin généralement senti ; » — nous répondrons qu'il est des besoins généraux que les individus peuvent ne pas sentir ou dont ils peuvent ne pas se rendre compte, surtout quand il s'agit d'affaires internationales. Même dans les affaires intérieures de la nation, un besoin général n'est pas une simple somme de besoins particuliers : il y a des intérêts supérieurs, non-seulement de l'ordre intellectuel, esthétique et moral, mais même de l'ordre économique et politique, dont les individus, pris en masse, peuvent ne point avoir ni la connaissance ni le simple sentiment. M. Spencer répond : — Si le vote d'un peuple n'est pas l'expression de l'utilité et de la vérité absolues, il est du moins celle de l'utilité et de la vérité telles que ce peuple les entend et peut actuellement les supporter. — Oui, mais le moment actuel est-il tout, ne faut-il point songer au lendemain ? L'imprévoyance, voilà précisément le grand défaut des masses : elles sont instinctives et non réfléchies. Calculer les effets lointains d'une mesure, s'élever au point de vue des générations à venir, savoir se modérer dans le présent, renoncer aux jouissances immédiates en vue de jouissances lointaines, peut-être même en vue d'un idéal dont on ne verra pas la réalisation : voilà qui dépasse généralement la portée moyenne des intelligences. Le sort de la démocratie est donc subordonné à l'existence d'un véritable esprit *général* et impersonnel dans la majorité des individus ; si cet esprit n'existe pas, le suffrage universel n'est plus qu'une lutte d'intérêts particuliers ; il dissout les masses en leurs éléments atomiques ; il entasse arbitrairement ces atomes et les livre à tous les vents. « Les voix des électeurs s'élèvent alors, selon le mot de M. Bluntschli, en tourbillons de poussière dans un sens ou dans l'autre, suivant la direction de la tourmente. » Ce n'est plus l'esprit d'un peuple qui manifeste son unité, c'est une mêlée d'égoïsmes qui n'aboutit qu'à une unité apparente et éphémère.

Il est vrai qu'on peut dire ; — Le meilleur moyen de développer dans une nation l'esprit général, l'esprit vraiment politique, c'est précisément de l'appeler tout entière à la vie politique. La participation de tous au pouvoir est un exercice utile pour tous et qui développe chez tous l'intelligence des intérêts nationaux. — Il y a du vrai dans cette théorie, mais il faut faire ici une distinction capitale. La situation qui donne le plus vif stimulant au progrès de l'intelligence politique, c'est la conquête du pouvoir, non le pouvoir conquis. Quand le peuple est en train de disputer ses droits contre l'oppression, son intelligence se développe ; quand la masse est devenue prépondérante, un courant tout contraire s'établit. Ceux qui possèdent le pouvoir suprême, que ce soit un seul, un petit nombre ou un grand nombre, n'ont plus besoin désormais des « armes de la raison ; » ils peuvent faire prévaloir leur simple volonté. Des hommes auxquels on ne peut pas résister sont ordinairement trop satisfaits de leurs propres opinions pour être disposés à en changer ou à écouter sans impatience quiconque leur dit : Vous êtes dans le faux. Stuart Mill concluait de là, avec beaucoup de justesse, que le véritable intérêt des démocraties serait de donner aux diverses classes assez de force pour faire prévaloir la raison, jamais assez pour prévaloir contre la raison. Or l'organisation actuelle du suffrage est loin de sauvegarder cet intérêt essentiel de la démocratie.

L'institution du suffrage universel s'appuie sur une troisième théorie, plus élevée et plus sûre que celles de la force et de l'intérêt, C'est surtout au nom du droit que les partisans de la démocratie justifient le suffrage universel. Au-dessus de la force publique et de l'intérêt public est la liberté publique. Celle-ci se résout elle-même dans la liberté de chacun : l'individu n'a donc pas le droit d'aliéner dans l'état, au profit d'un autre, et sa liberté propre et la liberté de ses descendais. Le suffrage universel a pour but de réserver la volonté des générations à venir, des nouveau-venus, des nouveaux *occupants*, et c'est pourquoi il entraîne la suppression des privilèges héréditaires, des aristocraties et des monarchies, de tout ce qui enchaîne définitivement les libellés présentes et futures.

Ce principe est moralement incontestable ; mais on ne comprend guère, généralement, les conséquences qui en dérivent. Au point de vue du droit, le suffrage implique, à notre avis : 1° un pouvoir sur soi ; 2° un pouvoir sur les autres individus ; 3° une fonction publique exercée au nom de la nation tout entière. La plupart des théoriciens de la démocratie ne voient que le premier de ces caractères. Écoutez les économistes, écoutez aussi les philosophes de l'école utilitaire, écoutez enfin certains partisans de la politique radicale : selon eux, le suffrage est un droit inhérent à la qualité d'homme et ayant pour but de sauvegarder la liberté individuelle au sein de l'état. — C'est bien là, en effet, un des buts du suffrage ; mais est-ce le but unique ? Non. Ce n'est pas seulement une certaine liberté sur moi-même que le suffrage me garantit, c'est encore une autorité sur autrui. Quand je vote, je ne suis pas seul intéressé, puisque je ne vote pas pour moi seul. J'exerce un pouvoir sur le domaine des autres individus, et les autres exercent un pouvoir sur le mien, tout comme s'il s'agissait de la gestion d'une propriété et de la répartition de ses produits. Ce pouvoir sur autrui, multiplié par le chiffre des votants ou tout au moins de la majorité, devient considérable et même menaçant. De là une seconde opinion qui considère le suffrage comme une part de pouvoir attribuée par un contrat réciproque à chaque associé, dans la grande société civile et politique. Cette doctrine assimile l'état à une association ordinaire, comme les compagnies anonymes qui se forment pour un objet industriel, commercial, scientifique. Dans ces compagnies, chacun a, comme on dit, voix au chapitre. Chaque actionnaire est consulté sur la direction de l'entreprise, parce qu'il est propriétaire d'une part du capital collectif : il a un droit de contrôle sur la gestion de cette part. — Quoique cette conception du suffrage ait sa vérité relative, elle repose encore, selon nous, sur une idée incomplète de l'état. L'état n'est pas une association arbitraire ; nous naissons Français, Anglais, Allemands, sous tel gouvernement, au milieu de

Alfred Fouillée

telles institutions et de telles mœurs. Il y a non-seulement solidarité historique, mais encore solidarité organique entre les membres de la nation. Le radicalisme actuel, avec Rousseau, ne voit guère dans l'état que le côté conventionnel ; il fait de l'état « un corps moral et collectif composé d'autant de membres que l'assemblée a de voix, lequel reçoit de ce même acte son unité, son *moi* commun, sa vie et sa volonté. » C'est oublier que « le corps collectif » n'est pas seulement formé par les voix d'une assemblée, qu'il existe avant toute assemblée délibérante, qu'il a sa « vie » indépendamment de toute délibération, qu'il a sa « volonté » même résultant de la somme des tendances inhérentes à ses parties, de ses instincts, de son tempérament, de son histoire. L'assemblée politique ne produit même pas le « moi » de la nation, c'est-à-dire la pensée générale et la volonté générale ; elle est seulement un moyen d'acquérir la *conscience* de ce *moi* et d'en assurer la *direction* réfléchie. L'individu, par sa conscience, constitue-t-il sa propre existence et sa vie propre ? Nullement, il existe et vit d'abord, il prend ensuite conscience de soi s'il peut et comme il peut : de même pour la nation, dont la conscience ne saisit le plus souvent que les résultats superficiels, les symptômes de la santé et de la maladie, non les causes profondes.

D'après les principes que nous venons de poser, que devient le droit de suffrage ? Il acquiert un troisième caractère et apparaît comme une fonction sociale, une fonction de la conscience collective. Par le suffrage, pourrait-on dire, toutes les cellules du corps politique sont appelées à prendre leur part de la vie intellectuelle et volontaire, à devenir en quelque sorte des cellules conscientes et dirigeantes comme celles du cerveau. Or l'idée de fonction entraîne celle de capacité. Il ne suffirait pas à un homme de décréter que les cellules de son pied prendront part à la conscience réfléchie et à la direction réfléchie de son organisme pour les en rendre effectivement capables ; même dans le cerveau, toutes les cellules ne sont pas développées au même degré ni susceptibles de la même conscience.

En résumé, ne voir dans le suffrage, comme on le fait presque toujours, qu'un seul aspect, — soit le côté individuel, soit le côté contractuel, soit le côté social, — c'est, selon nous, laisser échapper l'un ou l'autre des trois rapports constitutifs du suffrage : rapport de l'individu à soi-même, rapport de l'individu aux autres individus comme tels, rapport de l'individu à l'état comme tout organique. A ces trois points de vue, le droit suppose la capacité : 1° capacité de se gouverner soi-même ; 2° capacité d'exercer par mandat un pouvoir sur autrui ; 3° capacité d'exercer une fonction sociale au nom de l'état. Telle est, si nous ne nous trompons, la vraie et complète conception qui contient en germe toute la philosophie du suffrage universel.

A plusieurs reprises, dans les constitutions françaises, on a inscrit ce principe capital que chaque député élu par les citoyens n'est pas simplement le mandataire de ces citoyens, mais le représentant de la nation tout entière ; d'où résulte la condamnation du mandat *impératif*. Combien d'électeurs qui ignorent ce principe et ne voient dans leur député que l'humble serviteur de leurs intérêts ! Certaine école d'économistes contribue elle-même à répandre cette erreur d'un individualisme excessif, qui fait de la représentation un simple moyen de défense pour l'intérêt des commettants et pour leur liberté individuelle. Non-seulement il faudrait que le rôle social du représentant fût sans cesse devant la pensée des électeurs, mais encore il faudrait que la fonction sociale de l'électeur même fût proclamée dans la constitution et surtout comprise dans la pratique. Chaque électeur est lui-même, au moment du vote, le représentant de la nation tout entière, qui, en lui confiant une charge, lui impose un devoir : il doit voter non pas seulement pour lui, mais pour les autres individus et pour la nation entière. Voilà le principe qui, avec plusieurs autres de même importance, devrait être écrit sur la carte même de l'électeur afin de lui rappeler son devoir au moment où il exerce son droit. Ou néglige trop, dans la vie civile, tous les moyens d'instruction qu'on sait employer dans la vie militaire : n'a-t-on pas avec raison inscrit sur le drapeau les mots : *honneur et patrie* ? Toute la vie civile devrait aussi se résumer en inscriptions capables de frapper l'esprit populaire, et on ne devrait négliger aucun moyen de rappeler sans cesse au peuple ses obligations : combien y a-t-il d'électeurs qui comprennent que le suffrage n'est pas seulement l'exercice d'une liberté, mais l'exercice d'une autorité ? Combien songent que leur vote est comparable au verdict d'un juré, avec cette différence que, dans un tribunal, il s'agit seulement de statuer sur le sort

Alfred Fouillée

d'un individu, tandis que l'électeur statue sur le sort de la nation entière ? Si les désirs et les intérêts personnels n'ont rien à voir dans le verdict du juré, que sera-ce dans celui de l'électeur ? On exige du juré un serment de sincérité et de désintéressement ; on n'en exige pas de l'électeur ; il n'en est pas moins vrai que, de part et d'autre, toute vue égoïste est une trahison et un parjure.

Section II

Le rôle de l'état n'est généralement pas mieux compris que celui de l'individu. L'omnipotence de l'état, faussement admise par l'école radicale, devient dans la pratique l'omnipotence des majorités. Les démocraties actuelles ne sont que le gouvernement de tous par le plus grand nombre, au lieu d'être le gouvernement de tous par tous. Ce vice tient à ce que nos démocrates confondent le droit *universel* de suffrage avec l'expédient pratique des *majorités*. Il importe d'insister sur cette confusion, qui entraîne les plus graves conséquences.

L'idéal d'une société parfaitement libre serait que toute loi y fût l'œuvre de la volonté unanime. Cet idéal n'est pas aussi irréalisable de tous pointe qu'ils pourrait le croire d'abord. L'unanimité, seule forme adéquate de la liberté générale, existe déjà sur un certain nombre de points. Par exemple, nous voulons tous vivre en société, nous voulons tous entrer dans le contrat social. S'il en est qui s'y refusent, libre à eux d'émigrer dans l'île de Robinson. De pires, nous voulons tous vivre dans cette société particulière qui constitue notre nationalité propre, la France. Au sein de cette nationalité, enfin, un certain nombre de choses réuniraient encore l'unanimité. Nous voulons tous qu'il y ait des routes, des canaux, des chemins de fer ; nous voulons tous (les voleurs exceptés) qu'il y ait des gendarmes et des tribunaux. Mais il arrive un point où se produisent des divergences, des conflits d'opinions, d'intérêts et même de droits. A cette sorte de bifurcation, quel est le moyen pratique d'obtenir encore, tout en se divisant, la plus grande unité possible, le plus grand accord des libertés, conséquemment le plus haut degré de justice ?

De deux choses l'une : ou les actes sur lesquels les opinions se divisent n'ont rien d'incompatible, ou ils sont inconciliables. Vous voulez aller à droite, je veux aller à gauche ; la solution pratique est alors que nous allions chacun de notre côté. Cette solution libérale devrait être généralisée autant qu'il est possible dans les relations humaines. Par une décentralisation intelligente, la société se fractionnerait en groupes de plus en plus petits sans cesser pour cela d'être unie par les points communs. Ce serait la réalisation par la liberté humaine de systèmes analogues à ceux que réalise la fatalité des lois astronomiques. Le système solaire, par exemple, est animé d'un mouvement commun de translation auquel participent tous les objets qui le composent. Mais ce mouvement commun de translation n'empêche pas les mouvements particuliers des planètes autour du soleil ; le mouvement de chaque planète, à son tour, n'empêche pas le mouvement particulier de ses satellites. De plus, si le satellite a des habitants, son mouvement n'empêche pas les mouvements en tous sens que ces habitants accomplissent à la surface. On a ainsi des différences de plus en plus complexes dans les détails, qui ne nuisent pas à la parfaite unité de l'ensemble. Tel devrait être le système des volontés humaines, à la fois un et divers, libre dans l'unité, libre aussi dans la diversité : chacune demeurerait, en se joignant aux autres, maîtresse et propriétaire de soi.

Mais il y a des circonstances où les diverses décisions sont absolument incompatibles entre elles ; en ce cas, de quel côté se diriger ? — Du côté de ceux qui ont pour eux la raison et le droit, répondent les partisans de l'aristocratie. — Mais comment savoir qui a pour soi la vérité et la justice ? Nous ne possédons pas un critérium pour reconnaître « les mauvais et les incapables, » comme nous en possédons pour reconnaître les infirmes, les boiteux, les scrofuleux ; c'est pour cela qu'il est inexact d'assimiler le suffrage universel à la philanthropie mal entendue, cette sélection à rebours au profit des faibles et des mauvais. L'instruction même n'est pas un critérium suffisant de capacité politique ; comme nous le montrerons tout à l'heure, l'instruction se trouve coïncider avec l'aisance ou la richesse, le privilège attribué à l'instruction se changerait en un privilège attribué à l'argent. En fait, l'instruction n'a jamais donné l'impartialité aux classes riches tant qu'elles sont restées des classes privilégiées, au lieu d'être simplement

Alfred Fouillée

des classes dirigeantes. Le suffrage restreint, d'après l'expérience acquise, a montré les mêmes vices que celui du grand nombre : corruptibilité vanité, préjugés, ignorance, méfiance de la liberté, amour de la protection. La bourgeoisie et la noblesse, ici, n'ont pas plus le droit de s'enorgueillir que le peuple. Tout comme le peuple, elles ont, par opposition à l'intérêt général, leurs intérêts égoïstes ou ce que Bentham appelait, au sens latin du mot, « leurs intérêts sinistres. » Les mauvais et les incapables, dont parle M. Schérer, peuvent aussi bien se rencontrer dans les oligarchies que dans la masse de la nation ; l'histoire montre que toutes les aristocraties ont péri par leurs vices et leurs incapacités, et que les prétendus « meilleurs » sont souvent les pires. En appelant tous les citoyens au contrôle du pouvoir, sous certaines conditions de capacité que nous aurons à indiquer, on s'expose sans doute à y appeler des hommes sans valeur, mais on s'y exposerait encore plus en attribuant un privilège à certaines classes. La seule différence, c'est que l'élément mauvais, s'il existe dans une aristocratie fermée, l'a bientôt corrompue tout entière, tandis que, réparti dans une masse toujours ouverte et mouvante, il s'affaiblit et finit par s'éliminer lui-même. On empoisonne une source plus facilement que la mer.

Nous sommes donc obligés, dans la question du suffrage, de considérer uniquement la qualité d'homme et de citoyen en faisant abstraction des qualités intellectuelles et morales. Ne pouvant peser les têtes, il faut bien les compter. Il est logique, lorsqu'il y a conflit, que le nombre décide ; non parce qu'il est le nombre, mais parce qu'il représente plus de droits et de volontés. On dit alors : « Convenons *unanimement* de nous en rapporter à la *majorité.* » Ceux qui n'approuvent pas les décisions de la majorité ne peuvent, s'ils veulent employer des moyens pacifiques, que choisir entre les termes du fameux dilemme : *se soumettre* ou *se démettre*, et quitter le pays.

Tel est le principe sur lequel repose le droit de décision reconnu aux majorités par la totalité même. Mais, s'il y a là une convention nécessaire, il n'y a rien qui justifie l'orgueil des majorités triomphantes et leur prétention à représenter, par le seul fait de leur nombre, « la souveraineté nationale. » D'abord ce mot de souveraineté, en son sens absolu, devrait être banni de la science moderne, qui n'admet rien que de relatif, surtout en fait de pouvoir politique. Quant à la volonté nationale, elle ne réside que dans l'unanimité ; et encore l'unanimité, si elle n'était pas durable, ne serait qu'une somme de volontés particulières prêtes à se disperser en tous sens. L'agrégat des volontés individuelles n'est pas la vraie volonté organique de la nation. On voit donc que la majorité, au lieu de s'enorgueillir, devrait être modeste ; une bonne, éducation du suffrage devrait faire comprendre aux majorités qu'elles sont un substitut provisoire et faillible de la volonté universelle. A plus forte raison ne doivent-elles pas se persuader qu'elles représentent nécessairement la vérité et la justice. Enfin, elles devraient se souvenir qu'elles ont été minorité avant d'être majorité. C'est même la loi de l'histoire que l'opinion la plus vraie et la plus progressive soit d'abord celle d'un homme isolé, puis d'une minorité, avant d'être celle du plus grand nombre. Il y a donc de grandes chances pour que l'opinion de l'avenir soit actuellement dans l'une des minorités vaincues par la majorité ; mais dans laquelle ? C'est ce qu'il est impossible de savoir. L'erreur qui s'en va et la vérité qui arrive sont toutes les deux une minorité, et c'est précisément parce que nous ne possédons pas de critérium suffisant pour distinguer ici l'aurore du crépuscule que nous nous contentons de l'opinion la plus moyenne, comme offrant moins de chances d'erreurs et plus d'éléments perfectibles. Nous adoptons, faute de mieux, ce que Descartes appelait une *morale de provision* : en évitant toujours les opinions extrêmes, on peut ne pas suivre le droit chemin, mais du moins on est sûr de ne pas s'en écarter considérablement. Morale modeste et qui devrait inspirer la modestie à ceux qui la pratiquent, car elle est celle de la médiocrité.

Ainsi, à tous les points de vue, la soumission à la majorité n'est qu'un expédient nécessaire, admis par une convention et auquel on ne devrait pas attribuer une sorte d'infaillibilité mystique. Il faudrait, au contraire, se souvenir que c'est une *transaction*, non une *solution* véritable, et que toute transaction exige la modération dans le succès.

Section III

Dans une *décision* à prendre, nous venons de le voir, on ne peut pas concilier la majorité et la minorité ; mais, quand il s'agit de la *délibération*, on peut fort bien les concilier en représentant toutes les opinions et en leur permettant de s'exprimer. Un cerveau ne peut pas se décider pour deux choses contraires à la fois, mais il peut et il doit délibérer sur les contraires ; il en est de même pour cette sorte de cerveau national qu'on nomme un parlement. Dans le cerveau de l'animal, toutes les parties du corps sont représentées par des centres « sensoriels et moteurs, » auxquels aboutissent les sensations et d'où partent les mouvements : c'est une sorte de délégation des membres au cerveau. Mirabeau, à ce sujet, se servait d'une autre comparaison qui n'a pas moins de justesse : « Les assemblées représentatives peuvent être comparées à des cartes géographiques qui doivent reproduire tous les éléments du pays avec leurs *proportions*, sans que les éléments les plus considérables fassent disparaître les moindres. »

Maintenant, jusqu'où doit aller cette proportionnalité dans la représentation ? Doit-elle viser à une exactitude presque mathématique, comme le voudraient les partisans actuels de Stuart Mill et de Hare, parmi lesquels on peut nommer M. Naville et M. Bluntschli ? — C'est la grave question de la représentation proportionnelle des partis, en vue de laquelle se sont fondées des sociétés de propagande, des journaux, des revues.

Pour résoudre le problème, il faut d'abord examiner la nature et le rôle de ces divers partis dont on nous propose d'assurer la représentation exacte. Au point de vue de la science sociale, deux espèces de forces sont indispensables au corps politique comme à tout organisme vivant : forces de conservation et forces de progrès. Elles se personnifient dans les deux grands partis qui devraient dominer chez tous les états modernes : libéraux conservateurs et libéraux progressistes. Au lieu de se détester mutuellement, ces partis devraient comprendre qu'ils sont nécessaires l'un à l'autre et nécessaires à l'ensemble. Au point de vue psychologique, l'état, qui est l'homme agrandi et résume en soi toutes les forces vives de l'homme, doit renfermer *simultanément* des partis qui se distinguent entre eux par des différences correspondant à celles des âges *successifs* dans l'individu. C'est ce point de vue qu'ont développé Rohmer et M. Bluntschli ; ce dernier a fait avec finesse la psychologie des divers partis, quoiqu'il ait poussé trop loin la symétrie des rapprochements. A l'adolescence répond le radicalisme. Toutes les pensées de l'adolescent sont pour l'avenir ; un monde nouveau s'ouvre devant lui et il croit qu'il pourra l'organiser à sa fantaisie. Cet idéalisme et ce goût des principes abstraits se montrent au XVIIIe siècle et à l'époque de la révolution française. Rousseau, « le grand maître du radicalisme, » part de définitions générales pour construire mathématiquement l'état comme une pyramide régulière ; Robespierre se fait l'exécuteur de ses conceptions géométriques et inflexibles. Toute formule apprise à l'école semble à l'adolescent une vérité universelle et partout applicable ; le radical pense de même : il prête à ses lois et à ses institutions un pouvoir magique. L'adolescent aime à pousser les choses à l'extrême ; on le voit, armé de sa petite logique, aller de destruction en destruction sans s'inquiéter des obstacles : il confond l'école avec la vie réelle et mesure l'une par l'autre. Combien de théoriciens ont construit l'état de la même manière ! L'adolescent ne comprend pas plus les vraies proportions des forces que leurs précédents historiques : il entreprend de grandes choses avec de petits moyens et s'étonne naïvement de l'insuccès. Son courage s'anime facilement et il est presque aussitôt téméraire. Comme lui, le radical est entreprenant ; comme lui, il est peu constant. Follement audacieux dans l'attaque, la défaite est pour lui une déroute. Tout lui semble alors perdu ; mais un rayon de soleil ressuscite toutes ses espérances et l'emporte à de nouvelles entreprises. Le suffrage universel ne devrait jamais oublier que « les radicaux peuvent être de bons opposants, mais qu'ils sont de détestables gouvernants. » Par malheur, dans le mode actuel de scrutin, la violence même des radicaux est une chance de succès auprès des masses, auxquelles il suffit trop souvent de tout promettre pour tout obtenir d'elles.

L'esprit libéral et progressiste répond à l'âge de la jeunesse et de la première virilité, qui se distingue surtout par le développement des forces productives. Le jeune homme cherche à s'affirmer, à produire, à prendre sa place dans le monde. Les natures libérales offrent le même caractère, et la puissance *organisatrice* qu'elles montrent est le signe infaillible du véritable libéralisme. « La plupart des esprits créateurs sont libéraux ou brillent par quelque grande qualité libérale. » Les radicaux ne sont encore que des écoliers épris d'un système ; « mais, si l'école *systématise*, la politique créatrice *organise*. » Le libéral aime la liberté par-dessus tout : « pour lui, être libre, c'est vivre ; » mais il se méfie des libertés octroyées ou improvisées ; il n'a foi que dans la liberté innée ou conquise par le travail et l'effort. Le progrès, voilà son but. « L'humanité civilisée est sortie de l'adolescence depuis environ deux siècles ; le fond de son caractère est actuellement libéral et progressiste. »

Le conservateur libéral, c'est l'homme de quarante à cinquante ans environ, moins occupé d'acquérir des biens nouveaux que d'améliorer et d'étendre ceux qu'il possède. Le type conservateur a toutes les préférences de M. Bluntschli, et nous ne savons pourquoi, puisqu'il dit lui-même : « *Produire* et conserver sont les deux pôles du gouvernement du monde. » Conserver n'a pas plus d'importance que produire et même, dans une nation qui progresse, la fécondité créatrice doit avoir un certain surplus en sa faveur. Quoi qu'il en soit, M. Bluntschli reconnaît au libéralisme conservateur moins de génie, mais plus de prudence qu'au libéralisme progressiste. Le conservateur est moins facilement enthousiaste, non qu'il méprise les idées, mais parce qu'il voit mieux les difficultés de leur réalisation. Si le progressiste aime surtout la liberté, le conservateur aime surtout le droit, « qui donne force et stabilité aux rapports reconnus nécessaires. » De plus, il s'attache surtout au « droit historique, » dont il maintient jusqu'à la forme traditionnelle. L'histoire est la gardienne des choses passées, et la vie de l'homme mûr est déjà presque une histoire : aussi est-il plus apte à comprendre celle des autres. Il veut que le mouvement vers l'avenir respecte les droits du passé. Aussi est-il peu agressif, et sa force est surtout la défensive. Il a sa place naturelle après une révolution ou une transformation profonde, alors qu'il s'agit de garder les conquêtes faites et de les préserver d'abus nouveaux. « Les grands législateurs sont souvent des progressistes ; les grands jurisconsultes sont pour la plupart des conservateurs. »

L'absolutisme réactionnaire correspond à la vieillesse. La vie descend et s'approche de la fin ; « les éléments passifs redeviennent prépondérant. » Tyrannie, irritabilité, finesse, esprit de combinaison et de calcul, esprit positif, c'est l'image du parti absolutiste. Le vieillard est parfois « un virtuose dans les affaires de finances » : nombre de banquiers et de financiers ont été vieux toute leur vie.

L'amour du repos, le besoin de s'endormir se montrent surtout à la suite des révolutions ou des guerres pénibles ; l'absolutisme sait habilement profiter de ces moments. Il aime l'autorité incontestées qui semble le mieux assurer le repos. Son idéal est l'obéissance passive. Qu'on trouble sa tranquillité, il s'irrite et devient parfois cruel. « La plupart des tyrans, et les plus détestables, appartiennent par le caractère au vieil âge. »

Tout en reconnaissant la parade vérité que contient cette psychologie des partis, il ne faudrait pas croire que chaque âge fût rigoureusement voué à l'un des caractères dont vous venons de faire l'esquisse : il s'agit seulement de tendances générales et de moyennes, qui n'excluent pas les différences individuelles. « Alcibiade, dit lui-même M. Bluntschli, était encore un adolescent à l'âge d'homme ; Auguste adolescent était un vieillard ; Périclès garda sa jeunesse jusqu'au tombeau ; Scipion fut toute sa vie un homme. » De même, les partis politiques renferment des hommes de tous les âges : il y a de vieux radicaux et de jeunes absolutistes. Pourtant il est certain qu'une analogie générale existe entre l'action successive des âges dans le développement de l'individu et l'action simultanée des partis dans l'évolution politique. Le progrès sera régulier et se conciliera avec une juste conservation des résultats acquis, si la représentation nationale se compose de deux grands partis libéraux, l'un progressiste et l'autre conservateur, avec quelques éléments de radicalisme contre-balancés par un reste inévitable d'absolutisme. Ces deux extrêmes iront se restreignant peu à peu au profit des tendances modérées et libérales. Le suffrage doit être organisé de façon à préparer ce résultat. En France, malheureusement, les partis politiques sont loin de réaliser l'idéal de Rohmer et de M. Bluntschli. Nous avons des radicaux et des absolutistes ; mais les radicaux sont trop souvent révolutionnaires, et les absolutistes le sont aussi à leur façon, puisqu'ils ne sont que les partisans des dynasties tombées et que leur but est le renversement de la constitution. Nous avons des libéraux progressistes, mais nous n'avons guère de libéraux conservateurs. On l'a remarqué avec raison, quiconque n'est pas dans le camp des radicaux et des progressistes passe, presque sans transition, dans celui des absolutistes : il semble difficile, en France, d'être conservateur sans se mettre à la remorque d'intérêts religieux ou dynastiques et sans devenir par cela même rétrograde. Nous n'avons donc point de vraies *tories*, ou, s'il en existe, ils ne sont encore qu'à l'état latent. Le sénat cependant ne tardera pas à offrir une certaine organisation du libéralisme conservateur ; il serait à désirer que, dans la chambre des députés, les partis modérés et libéraux l'emportassent de plus en plus sur les partis extrêmes et violents, auxquels le système actuel assure trop souvent la victoire en décourageant les opinions moyennes. Accorder le droit de *délibération* à tous les partis constitutionnels proportionnellement à leur force et assurer le droit de *décision* au libéralisme progressiste, avec le contrepoids du libéralisme conservateur, tel est le but que doit poursuivre la démocratie. Ce but n'est pas aussi facile à atteindre par des procédés mathématiques que le croient les partisans de la « représentation proportionnelle. » De plus, une représentation théoriquement exacte des minorités pourrait offrir, dans la situation actuelle, des dangers pratiques, méconnus par les adeptes de Stuart Mill et de Hare. Pour que la représentation proportionnelle soit applicable, il faut, selon nous, qu'il n'existe guère dans un pays que des partis constitutionnels. Mais, en France, nous venons de le voir, la lutte est presque toujours entre ceux qui admettent la constitution et ceux qui veulent la renverser. Or, il faut avoir soin de ne pas organiser dans l'état la division même des partis, de ne pas élever ces partis au rang de membres constitutifs dans le grand corps social. En outre, le groupement volontaire des individus à travers tout le pays, proposé par Hare, pourrait favoriser non-seulement l'organisation des partis, mais celle des classes et des intérêts de classe. Enfin, la séparation du pouvoir de délibération et du pouvoir de décision est nécessairement quelque peu arbitraire dans l'état actuel de nos institutions, car c'est la même assemblée qui délibère et décide, soit sur une loi à établir, soit sur un ministère à renverser, soit même sur une constitution à réviser. Si donc vous reproduisez trop exactement dans l'assemblée les divisions mêmes d'opinions qui mettent les citoyens en lutte les uns avec les autres, si vous envoyez aux assemblées les représentants des théories les plus inconciliables, vous érigez la guerre, et une guerre aiguë, à l'état constitutionnel. Il en résulte l'impossibilité d'une politique suivie, une ligue continuelle des minorités aboutissant à déplacer les majorités, à renverser tous les ministères, à rendre tout gouvernement impuissant et éphémère. Un parlement n'est pas un conseil purement consultatif, une sorte d'académie où toutes les opinions se font entendre par amour platonique de la vérité ; au contraire, tout y tend à l'action et aboutit à l'exécution. De là l'antithèse du pouvoir simplement délibératif et du pouvoir exécutif. Ceux qui ne voient que le premier ne conçoivent d'autre idéal que la représentation proportionnelle des opinions, même des plus extrêmes ; ceux qui ne voient que le second ont pour idéal la formation d'une majorité de gouvernement, à l'exclusion des extrêmes. En France, il faut bien reconnaître que les nécessités de la situation actuelle sont de former une majorité de gouvernement, et c'est pour cela que le scrutin de liste serait désirable. Le scrutin de liste pourrait soustraire les députés aux influences locales, et, par cela même, soustraire les ministres à la tyrannie de ces mêmes influences. Ce n'en est pas moins un expédient et une arme de guerre, non un procédé de paix ; mais à qui la faute, sinon à la commune obstination des partis réactionnaires et des partis radicaux ? Tant que la discorde sera dans les esprits, on ne pourra espérer que la paix soit dans les assemblées et que les gouvernements aient pour unique préoccupation le progrès intellectuel, moral ou économique de la nation, ils en sont réduits par la latte pour l'existence à remettre sans cesse au lendemain les réformes philosophiquement justes et utiles : *prima vivere, deinde philosophari.*

Les philosophes n'en doivent pas moins continuer de montrer le but à atteindre, ne fût-ce que pour convaincre les esprits absolus, si nombreux en France, de ce qu'il y a de relatif dans toutes les expériences du suffrage universel, de ce qu'il y a d'imparfait et d'irrationnel dans ce monopole des majorités dont l'école de Rousseau fait un dogme, dans cette aristocratie du plus grand nombre que le radicalisme confond avec la vraie démocratie.

Quand la pacification relative des esprits sera atteinte, quand il n'y aura plus de partis anticonstitutionnels et révolutionnaires, quand l'exécutif sera aussi rendu moins dépendant du législatif, quand un ministère ne se croira plus obligé de donner sa démission devant un seul vote d'une seule chambre, mais seulement devant le vote concordant des deux chambres ou devant le vote réitéré d'une seule ; enfin, quand certains ministères où l'administration

Alfred Fouillée

l'emporte sur la politique seront soustraits aux fluctuations des parlements, alors ceux-ci pourront redevenir des assemblées vraiment délibérantes, cherchant avec sincérité le vrai et le juste ; alors aussi la représentation proportionnelle des partis sera nécessaire. Dès aujourd'hui, cette proportionnalité serait désirable, praticable dans les conseils municipaux, surtout à Paris, et elle ne pourrait, par l'intermédiaire des conseils municipaux, qu'avoir une heureuse influence sur la composition du sénat. Dans la chambre haute plus qu'ailleurs, il importe, selon nous, d'assurer une représentation équitable des minorités pour servir de contrepoids au privilège inévitable de la majorité dans l'autre chambre [3].

Section IV

Outre l'opposition de la majorité et de la minorité, qui aboutît à la lutte des partis constitutionnels, le suffrage universel renferme une autre antinomie non moins inquiétante : celle de la quantité et de la qualité des suffrages. Réconcilier la supériorité numérique avec la supériorité intellectuelle, voilà la « quadrature du cercle » de la démocratie. On a proposé des solutions approximatives. Deux méthodes sont en présence : 1° évaluer numériquement la supériorité intellectuelle et attribuer plusieurs suffrages à l'homme instruit ; 2° instruire et éclairer assez la masse entière pour que la quantité des suffrages, en moyenne, coïncide avec leur qualité.

Stuart Mill a beaucoup insisté sur la première méthode, qui essaie de traduire la valeur intellectuelle en nombre et qui, selon le degré d'instruction, gradue le nombre de voix accordé à un seul individu : c'est le « suffrage pluriel. »

Mais ce système n'est pas sans danger : on ouvre la porte à l'arbitraire ; certaines classes de citoyens, en s'attribuant trop de voix, finiraient par constituer des oligarchies, d'autant plus que les classes plus instruites sont aussi plus aisées. Le seul cas où la pluralité des suffrages accordée à un individu aurait, chez nous, quelque chance de se faire admettre, ce serait plutôt celui où l'individu en question est, en réalité, le représentant de plusieurs personnes : tel est le père de famille ; il représente sa femme et ses enfants, il représente même toute une génération en puissance : il pourrait donc avoir deux voix [4]. Le meilleur moyen de résoudre, sinon entièrement, du moins en partie, l'antinomie du droit et de la capacité, c'est, selon nous, l'éducation. Mais il importe de s'entendre sur le caractère qu'elle doit offrir.

Le suffrage universel suppose deux conditions : d'abord, que la masse des citoyens aura la *volonté* du bien général, plutôt que de ses intérêts particuliers ; puis, qu'elle aura une *connaissance* du bien général suffisante pour imprimer à la politique une bonne direction. Ce sont là, à nos yeux, les deux « postulats » de la démocratie. Or, c'est à l'éducation qu'il appartient de les réaliser. Pour cela, il faut qu'elle développe les deux qualités essentielles du citoyen : désintéressement moral et sens politique. Il ne semble pas que notre éducation actuelle réponde à ce double besoin, ni dans l'enseignement primaire, ni dans l'enseignement secondaire, ni dans l'enseignement supérieur.

A notre époque, les sciences mathématiques et physiques sont principalement en honneur : nous leur devons les grands progrès industriels de notre siècle ; mais il ne faut pas croire que ces sciences puissent faire à elles seules ni des citoyens moralement désintéressés, ni des citoyens politiquement capables. L'instruction purement scientifique n'y réussit pas plus que l'instruction purement grammaticale. Aussi la statistique criminelle ne constate pas un grand avantage au profit de ceux qui savent simplement lire, écrire et compter. Elle constate même une bien plus grande criminalité chez l'ouvrier que chez le paysan, quoique l'ouvrier soit plus instruit [5]. Plusieurs statisticiens l'ont remarqué, l'influence moralisatrice du savoir commence au moment où il cesse d'être seulement un « outil » pour devenir un « objet d'art [6]. » Moraliser, en effet, c'est élever les esprits au-dessus des vues égoïstes et des intérêts purement matériels, vers les idées générales et les sentiments impersonnels. Quand, dans une démocratie, l'idée religieuse est ébranlée, quand l'idée morale elle-même fait place de plus en plus à l'idée utilitaire, il ne reste plus, pour susciter des sentiments désintéressés, que l'amour du beau. Qu'est-ce d'ailleurs que le bien moral lui-même, une fois supprimée toute obligation mystique, sinon le beau moral ? C'est pour cette raison que l'instruction ne doit pas être seulement professionnelle et technique, ni même seulement scientifique : elle doit être littéraire

Alfred Fouillée

et esthétique. Les démocraties attique et romaine avaient raison d'appeler tous les citoyens libres aux jouissances de l'art ; quand les Athéniens se rassemblaient sur l'agora ou les Romains sur le forum pour donner leurs suffrages, ils ne cessaient pas d'admirer autour d'eux les statues et les temples élevés aux dieux de la patrie.

Outre l'esprit de désintéressement, le citoyen des démocraties a besoin de connaissances précises en politique, et ces connaissances doivent être rendues obligatoires. En effet, dans les affaires qui ne concernent qu'un seul homme, cet homme a le droit d'être et de demeurer incapable : c'est sur lui seul que retomberont les conséquences de son incapacité. Mais il n'en est plus ainsi dans les affaires qui nous concernent tous ; il y a des garanties que la société entière peut exiger des associés : une certaine maturité non-seulement d'âge, mais d'intelligence et d'instruction. Pour reprendre ici l'antique comparaison du vaisseau, chère à Socrate, s'il s'agissait de diriger un navire par voie de scrutin, il serait naturel d'exiger de chacun une certaine connaissance des points cardinaux, du gouvernail, de la manœuvre. Tout au moins l'intérêt et le devoir de l'équipage serait-il de s'instruire, et le gouvernement aurait le droit d'établir comme obligatoire une certaine somme de connaissances techniques relatives à la construction du navire, à ses diverses parties et aux moyens de le diriger.

Stuart Mill disait que, pour avoir le droit de voter, il faudrait tout au moins être capable, au moment du scrutin, « de copier quelques lignes d'anglais et de faire une règle de trois. » Nous croyons peu, ici, à la vertu de la règle de trois. La lecture, l'écriture, le calcul sont des armes à deux tranchants : tout dépend de ce qu'on lit et de l'emploi qu'on fait de son arithmétique. M. Spencer dit avec plus de raison : La table de multiplication ne vous aidera pas à comprendre la fausseté des thèses socialistes. Qu'importe que le travailleur sache lire s'il ne lit que ce qui le confirme dans ses illusions ? Un homme qui se noie s'accroche à une paille ; un homme accablé de soucis s'accroche à n'importe quelle théorie sociale, pourvu qu'elle lui promette le bonheur.

Voici une preuve décisive de l'insuffisance des connaissances primaires : quels sont, parmi les travailleurs de toute sorte, les plus instruits ? Les ouvriers ; et c'est d'eux précisément, avec leurs idées fausses, que nous vient le plus grand péril. Le paysan ignorant est moins absurde que l'ouvrier à moitié éclairé. Un peu d'instruction éloigne parfois du bon sens ; beaucoup d'instruction y ramène. Si on ne perfectionne pas l'instruction primaire, la diffusion de cette instruction amènera tous les travailleurs, y compris les paysans, au niveau des ouvriers et leur donnera plus de force pour faire de mauvaise politique.

L'instruction secondaire et l'instruction supérieure sont plus efficaces, sans doute, que l'instruction primaire ; cependant, elles sont encore loin, par elles-mêmes, de développer les capacités politiques. « Jetez un coup d'œil, dit encore M. Spencer, sur les bévues de nos législateurs ; ce sont là, cependant, des hommes qui ont pris leurs grades universitaires. Prenez seulement un jeune membre du parlement, frais émoulu d'Oxford ou de Cambridge, et demandez-lui ce que la loi doit faire, selon lui, et pourquoi ? ce qu'elle ne doit pas faire, et pourquoi ? Vous verrez bien que ses études dans Homère ou dans Sophocle ne l'ont guère mis en état de répondre à la première question qu'un législateur ait à résoudre. Pour préparer des gens à la vie politique, il faudrait leur donner une culture politique ; on fait tout le contraire. Pourtant, quand nous voulons qu'une jeune fille devienne bonne musicienne, nous l'asseyons devant un piano ; nous ne lui mettons pas un attirail de peintre entre les mains. » Au moins les études classiques, trop calomniées, ont une influence esthétique et morale, si elles ne développent pas le sens politique ; mais l'étude des sciences, telle qu'on l'entend aujourd'hui, n'a ni l'un ni l'autre de ces avantages. Nos programmes actuels, que le conseil supérieur va heureusement réformer, sont surchargés d'études historiques et scientifiques : on a accablé la mémoire des élèves sans développer leur jugement et surtout sans élever leur caractère ; le résultat a été si déplorable que les auteurs mêmes de la réforme semblent aujourd'hui en avoir honte. En vain M. Paul Bert déclare-t-il que l'étude des sciences est propre à former des citoyens, parce qu'elle familiarise l'esprit avec l'idée de *loi*, tout autres sont les lois de la nature et les lois des hommes : les premières n'aident guère à l'intelligence des secondes. Nos programmes, chargés de calculs, d'analyses, de classifications, ne peuvent même pas contribuer à l'élévation morale et intellectuelle des esprits. Ce qu'on devrait enseigner, outre les principes élémentaires et pratiques des sciences, comprenant

Alfred Fouillée

ce qu'un lettré même ne peut ignorer, ce sont les principes les plus spéculatifs et les résultats les plus généraux des sciences, en un mot leur philosophie. A ce prix seulement, la science a une vertu éducatrice ; à ce prix, elle élève l'esprit au lieu de meubler la mémoire ; à ce prix, elle est libérale au lieu d'être servile et utilitaire. Telle qu'on l'enseigne aujourd'hui, elle ne sert qu'à préparer, pour un jour d'examen, des réponses qui, un mois après, seront la plupart oubliées. Mais la science même, dira-t-on, n'est-elle pas la recherche de la vérité, et cette recherche ne suppose-t-elle pas l'amour de la vérité, amour désintéressé, amour fait d'abnégation et parfois de sacrifices ? — Oui, certes, et c'est un grand homme de science qui a dit que la vérité se donne à la patience des savants, à la simplicité, au dévouement tout autant qu'au génie ; les hautes idées ne s'épanouissent que dans une âme saine, « comme les fleurs des sommets ont besoin d'un air pur ; » mais autre chose est la recherche du vrai, autre chose la vérité déjà découverte et passivement enseignée. Dans l'instruction scientifique, telle qu'elle existe chez nous, on ne présente aux jeunes gens que des résultats acquis, sans leur apprendre au prix de quels efforts ils ont été acquis : ce ne sont plus que des vérités en quelque sorte refroidies, des vérités sans vie, des formules sans âme. Ce qui serait moralisateur, ce serait l'histoire des sciences et des savants, mêlée à l'exposition des sciences : mais on préfère apprendre aux élèves cent théorèmes de plus, cent formules de plus, qu'ils s'empresseront d'oublier. Ainsi enseignée, ainsi séparée de la philosophie et de l'histoire, la science n'a plus ni vertu morale ni portée civique ; elle abaisse souvent au lieu d'élever, elle fait des machines et non des hommes, encore bien moins des citoyens. Les sciences, selon l'heureuse expression de Tyndall, ne devraient pas constituer des *branches* de l'instruction, mais des *moyens* d'éducation ; en d'autres termes, il ne s'agit pas de remplir la tête des enfants, mais de leur apprendre à trouver par eux-mêmes, à penser, à raisonner, à observer. « Quand j'enseignais, dit Tyndall, je ne connaissais point du tout les règles de la pédagogie comme l'entendent les Allemands ; avec mes élèves, je ne faisais que leur attacher des ailes. » Nos programmes scientifiques, en France, semblent au contraire avoir pour effet d'attacher du plomb aux esprits ; en les lisant, on s'écrierait volontiers : « Des ailes ! »

Il faudrait donc, dans l'enseignement à tous les degrés, faire une plus large part, aux lettres, aux arts, aux sciences morales, sociales et politiques. Il est curieux de voir des esprits aussi différents que M. Spencer et M. Bluntschli se rencontrer dans cette assertion « qu'il n'y a point, pour nos démocraties, de liberté possible ni de vote possible sans une bonne éducation politique. » L'école, et surtout l'école populaire, ne peut que préparer cette éducation. L'enfant saisit difficilement la notion de l'état. On ne peut lui donner sur la constitution politique que des notions très vagues et qui offrent un assez faible intérêt à d'aussi jeunes intelligences. C'est donc surtout la morale publique, la vertu civique, le patriotisme qu'il faut lui inspirer, et plus encore par des exemples que par des préceptes. Mais il reste toujours une grande lacune à combler : c'est le temps qui s'écoule entre la sortie des écoles, — vers quatorze ans, — et l'âge de la majorité politique. Dans cet intervalle, il est certain que l'adolescent se trouve livré à lui-même, qu'il est exposé à oublier une bonne partie de ce qu'on lui a appris, que l'enseignement civique, en particulier, sort de sa mémoire juste au moment où il lui deviendrait nécessaire. Plus tard, l'éducation militaire pourra en partie servir à l'éducation civique : l'esprit de corps s'éveille, la discipline apprend la subordination ; l'idée de la patrie et l'idée de l'honneur se font pour ainsi dire visibles ; de mâles vertus pourraient se développer si on faisait quelques efforts pour en aider le développement ; mais on y songe trop peu, et d'ailleurs la vie de soldat n'est pas la vie de citoyen. Le suffrage étant devenu un droit de tous, une certaine instruction politique devient par cela même un devoir de tous. Cette instruction ne doit pas être une œuvre de parti, mais la diffusion des principes sur lesquels repose l'état et que tous admettent. On a rendu l'instruction civique obligatoire, sous une forme insuffisante et trop souvent partiale, pour les enfants de douze à quatorze ans, qui n'y sont guère préparés ; il faudrait la rendre obligatoire sous une forme plus élevée et à la fois plus pratique, et absolument impartiale, pour les jeunes gens qui vont être appelés à exercer leur droit de suffrage. Il est aussi dangereux de lancer dans la vie politique des jeunes gens étrangers à toute connaissance politique que de lancer à la guerre des soldats sans aucune instruction préalable. Si on trouve légitime de demander trois ou cinq années aux jeunes gens pour recevoir l'instruction militaire, n'est-il pas légitime de leur demander quelques heures par semaine pour acquérir des notions positives d'instruction politique et de droit constitutionnel ? La défense contre l'invasion des barbares à l'intérieur est aussi essentielle, dans nos démocraties, que la défense contre les invasions de l'étranger. Nous croyons, pour notre part, qu'il serait désirable, tout le temps que le jeune soldat est à l'armée, de lui faire apprendre non pas seulement sa « théorie » militaire, mais aussi ce qu'on pourrait appeler sa théorie civique : les principes de la constitution française, l'organisation de l'état, les devoirs et les droits des citoyens. Cet enseignement devrait être fait au moyen de livres écrits en dehors de tout parti, de toute préoccupation politique ou religieuse [7].

En Belgique, actuellement on a institué des examens par lesquels on est admis à participer au droit de suffrage : il nous semble que c'est là un bon exemple à suivre [8]. Sans enlever leur droit de suffrage à ceux qui le possèdent, on pourrait rendre obligatoire pour les jeunes gens de dix-neuf à vingt et un ans un enseignement civique. Cet enseignement serait donné, par exemple, dans des cours d'adultes, une fois par semaine. Des examens seraient institués pour constater que l'instruction civique a été reçue [9]. Ce n'est pas seulement l'instruction civique primaire qu'il faudrait étendre et fortifier : il faudrait créer l'instruction civique secondaire et l'instruction civique supérieure, car, à vrai dire, elles n'existent pas. Le cours de philosophie est lui-même insuffisant sous ce rapport : la morale civique n'y est traitée qu'en passant et d'une manière vague ; le droit constitutionnel et le droit usuel sont absents. Nous réclamions ici même, il y a quelques années, l'introduction de l'économie politique : depuis ce temps, elle a en effet obtenu une petite place dans les programmes. Aujourd'hui il faut réclamer une instruction politique et juridique [10]. Quant à l'instruction politique supérieure, elle est ce qu'il y a de plus incomplet en France. En Allemagne, dans toutes les universités, il y a plusieurs chaires de droit public et de science sociale. De même en Hollande, en Belgique et en Italie. C'est une chaire de ce genre que M. Bluntschli a occupée à Heidelberg : croit-on qu'un professeur de ce talent n'ait pas rendu de grands services dans un cours aussi important ? Chez nous, les lacunes de l'instruction politique supérieure sont si apparentes qu'il s'est organisé à Paris une École libre des sciences politiques, qui réussit. On a dit avec raison que la France, plus que tout autre pays, devrait avoir partout des professeurs chargés d'étudier les conditions du meilleur gouvernement, de communiquer au public le résultat de leurs études, puisque tous les vingt ans la France renverse son gouvernement ou en cherche un meilleur. L'étude scientifique des questions politiques calmerait sans doute cette ardeur de changement, en montrant à tous les difficultés des questions. Au lieu de cela, on se contente des plans d'organisation sociale improvisés par les journalistes. En Belgique, l'état a institué pour les sciences politiques un diplôme qui est un titre de préférence pour les fonctions administratives. C'est, comme l'a remarqué M. de Laveleye, le seul moyen d'avoir un contingent suffisant d'élèves assidus et de répandre dans un pays la connaissance sérieuse des sciences politiques [11]. L'instruction politique supérieure devrait se donner dans toutes les écoles du gouvernement, quelles qu'elles soient, depuis l'École polytechnique ou celle de Saint-Cyr jusqu'à l'École normale. Il devrait y avoir une chaire de science politique dans toutes les facultés, et la fréquentation de ce cours devrait être strictement obligatoire pour les élèves de droit ou de médecine. Il faut que les classes appelées supérieures soient dignes de leur nom ; il faut que le mouvement vienne d'elles et se répande dans l'ensemble ; mû et dirigé par elles, le suffrage populaire sera, comme on l'a dit, utile par son inertie même : tel le volant d'une machine régularise et multiplie la force du moteur.

En résumé, dans la lutte des nations pour la vie, l'avenir assurera le triomphe au peuple qui aura compris que la plus haute culture intellectuelle, morale et sociale, est aussi la plus nécessaire à sa grandeur et à sa puissance. Dans une discussion avec M. Guillaume Guizot, Sainte-Beuve s'écria un jour : « Je ne verrai point, mais je prédis un avenir dans lequel les lois de la physiologie seront transformées en lois sociales et inaugureront dans le monde le règne de l'harmonie universelle. Un Constantin du matérialisme fera cette révolution ; mais, à la place d'une croix, il fera briller sur son labarum un scalpel [12]. » Nous ne savons si ce nouveau symbole serait aussi rassurant que le croyait Sainte-Beuve pour l'harmonie universelle et nous n'aurions pas plus confiance dans un Constantin de la physiologie que dans l'autre. Mais ce que les démocraties, pour ne pas périr, doivent substituer à la piété religieuse, c'est, selon l'expression des philosophes anglais, la « piété sociale. » Ce sentiment, nous l'avons vu, ne peut se développer que par l'étude de la morale, de la politique et de l'histoire, jointe à la culture des lettres et des arts si justement appelés libéraux. L'enseignement des sciences et de la « physiologie » n'y saurait suffire. Plus une nation est démocratique, plus elle est portée à être utilitaire, et cependant plus elle a besoin de ne pas être purement utilitaire, de ne pas se laisser entraîner à « l'américanisme. » Ce qui lui est le plus nécessaire, c'est le superflu esthétique et moral. Le vrai moyen de résoudre les antinomies du suffrage universel, — antinomie de l'égalité politique et du progrès social, antinomie du droit et de la capacité, — c'est donc la diffusion la plus large possible de l'instruction la plus élevée possible.

La société, ici, n'a qu'à suivre la méthode de la nature : c'est de l'égalité même du milieu que la nature fait surgir des êtres inégaux. Une même culture donnée à des graines permet le triage de celles qui sont fécondes et de celles qui sont stériles. Il en est ainsi de la culture intellectuelle dans la société. Deux ouvriers labourent un champ : il n'y a pas entre eux grande inégalité ; vous les instruisez : l'un reste cultivateur, l'autre devient un savant, par exemple un Laplace ou un Faraday [13]. Votre instruction égale a mis en liberté des forces latentes de supériorité. Il en est de même dans l'ordre politique. Joint à une instruction universelle, le droit égal de suffrage n'aura pas pour effet de supprimer le pouvoir directeur de l'ensemble, l'autorité supérieure, mais, au contraire, de la constituer par voie de sélection intelligente. Guizot, peu suspect de tendresse pour la démocratie, a parfaitement montré le double courant qui doit aller ainsi de la nation au gouvernement et du gouvernement à la nation. « Toutes les combinaisons de la machine politique doivent tendre, d'une part, à extraire de la société tout ce qu'elle possède de raison, de justice, de vérité, pour les appliquer à son gouvernement ; de l'autre, à provoquer les progrès de la société dans la raison, la justice, la vérité, pour faire incessamment passer ces progrès de la société dans son gouvernement. »

Non-seulement l'égalité des droits ne ferme pas l'issue aux supériorités naturelles, mais celles-ci, à leur tour, finissent par ramener une nouvelle égalité, avec un niveau plus élevé qu'auparavant. C'est la principale différence entre la lutte pour la vie dans le règne animal et la concurrence dans le règne humain. L'animal qui, par sélection, a acquis un meilleur système dentaire, ne transmet sa supériorité qu'à sa lignée et non aux autres animaux : il produit une sorte d'aristocratie ; dans l'humanité, au contraire, la découverte faite par un peuple, fût-ce celle d'une meilleure artillerie, finit par se répandre jusque chez les autres peuples. A plus forte raison, s'il s'agit des découvertes scientifiques et industrielles : elles aboutissent à des résultats de diffusion démocratique. Le tort de la démagogie et du socialisme est de ne considérer que l'inégalité présente, qui élève au-dessus de la foule certains individus ou certaines classes supérieures, sans se demander si cette supériorité, quand elle est naturelle et non factice, n'est pas le germe même d'un progrès égal pour tous dans l'avenir. Mais la vraie démocratie est celle qui vise à l'élévation universelle, non à l'abaissement universel, et qui prend pour but d'ouvrir l'accès du pouvoir aux supériorités naturelles, quel que soit l'homme, quelle que soit la classe où elles se produisent. Le seul moyen d'atteindre ce but, c'est, comme nous l'avons dit, d'organiser à tous les degrés, outre l'instruction générale, l'instruction politique, et de la rendre obligatoire pour les nouveaux électeurs comme pour les éligibles.

Si la bourgeoisie et l'aristocratie financière recevaient une instruction supérieure, nous aurions des chambres composées d'hommes instruits en économie politique, en politique, en histoire, en jurisprudence. On ne peut ici se fier à la spontanéité des individus, pas plus qu'on ne peut s'y fier pour l'instruction primaire. Aujourd'hui, les vraies connaissances sociales et politiques font défaut aux classes privilégiées presque autant qu'au peuple lui-même. On se plaint de l'incontestable médiocrité de nos gouvernements ; elle vient beaucoup plus des gouvernants eux-mêmes que des gouvernés ; elle tient à l'insuffisante éducation des classes dirigeantes, elle tient à la pénurie d'hommes supérieurs. — Mais, dit-on, la démocratie est jalouse. — L'envie, répondrons-nous, est un vice de l'aristocratie comme de la démocratie. En France, la démocratie a-t-elle résisté longtemps aux génies ou aux talents, quand il s'en est manifesté ? A-t-elle repoussé de son sein M. Thiers, tant que M. Thiers a vécu ? Où sont aujourd'hui les grands talents politiques auxquels le suffrage universel a refusé un mandat ? La science, la justice, la vérité, exercent un ascendant naturel et nécessaire sur tout peuple qui n'est pas un peuple de barbares. Les individus, les masses ne demandent qu'à obéir quand une autorité naturelle existe et se manifeste. On l'a dit avec raison : « Ne prétendez pas que cette nation est *ingouvernable* ; constatez qu'elle n'est point gouvernée, et cherchez sur qui retombent les responsabilités. » Là où les forces supérieures ne gouvernent pas, c'est le plus souvent qu'elles n'existent pas ; là où les ignorants font la loi, c'est le plus souvent qu'il n'y a point d'hommes versés dans la politique ; là où le vice est le maître, c'est que les vertus civiques dont parle Montesquieu sont rares ou disparues. Si le suffrage universel suppose, en bas, des hommes capables de choisir, il suppose surtout, en haut, des hommes dignes d'être choisis.

Notes

1. Mort il y a quelques mois.

2. M. Schérer, la Démocratie, p. 83.

3. Par malheur, si grande est aujourd'hui la tendance à rendre tout uniforme, sans tenir compte des circonstances ni de la qualité des électeurs, qu'on assimile l'électorat politique et l'électorat municipal. Les deux sont cependant bien distincts. L'émigration des campagnes dans les grandes villes va croissant ; comment s'imaginer que cette peuplade d'immigrants qui vient chercher du travail dans une ville prenne en grand souci la prospérité matérielle et la grandeur morale de la cité ? Tantôt elle ne voit que ses intérêts personnels et de classe, tantôt elle ne se préoccupe que de réaliser un programme politique ou social. La cité n'est plus qu'un instrument ; on ignore ou on sacrifie ses intérêts. Paris n'est plus aux vrais Parisiens, il est aux nomades qui l'envahissent. Le droit d'électeur municipal ne devrait s'accorder qu'après un séjour assez prolongé pour que le nouveau-venu fût vraiment un citoyen de la commune, capable de s'intéresser à ses affaires, de les connaître, et de connaître aussi les hommes dignes de la représenter.

4. Malgré nos idées égalitaires, nous n'en sommes pas encore venus à vouloir que les femmes aient le droit de voter. Nous comprenons que leur incapacité politique est trop grande, que leur liberté de jugement et de conscience n'est pas entière,

qu'elles sont toujours plus ou moins sous la tutelle de leur mari ou sous celle de leur confesseur. En un mot, nous cessons d'être naïvement égalitaires quand il s'agit d'égalité entre les personnes de sexe différent, sauf à le redevenir dès qu'il s'agit de personnes du même sexe à capacités très variées. Cependant, si on n'admet pas la participation directe de la femme et des enfants au suffrage, on pourrait admettre leur représentation par le chef de famille, auquel on accorderait deux voix au lieu d'une, comme mandataire des droits ou des intérêts d'une famille et non pas seulement d'un individu. Si on suppose que le jeune homme, mineur et incapable la veille, devient majeur et capable de gérer la fortune publique lorsque s'accomplit, à minuit sonnant, sa vingt et unième année, on pourrait bien supposer aussi que les pères de famille, qui ont, comme on dit, un établissement, des devoirs, nouveaux, des charges nouvelles, une plus stricte obligation de travail, de prévoyance, d'épargne, ont généralement l'esprit plus mûr, plus réfléchi, plus éclairé, et sont en moyenne deux fois majeurs. La prépondérance accordée aux représentant de la famille ne pourrait que fortifier l'esprit de famille lui-même, si important pour la nation, et assurerait en même temps, dans les affaires publiques, une part plus équitable à la maturité du jugement, à l'instinct de l'ordre, à l'esprit d'épargne. La femme, surtout, si elle reçoit elle-même une bonne éducation civique, exerce généralement une influence modératrice sur les penchants révolutionnaires, et on peut admettre qu'en général l'avis d'un père de famille est moins exclusivement individuel. Nous nous bornons à appeler sur ce point l'attention des lecteurs qui ont souci des conséquences futures du suffrage universel : toujours est-il que, dans une pareille réforme, l'inégalité apparente serait un retour à l'égalité réelle.

5.   D'après la dernière statistique des prisons, sur 100 condamnés, il y avait : illettrés, 29 ; sachant lire, 12 ; sachant lire et écrire, 27 ; sachant lire, écrire et compter, 20 ; instruction primaire complète, 8 ; instruction plus élevée, 2. En somme, il y a 29 illettrés seulement sur 100 condamnés. Pour les femmes, il y en a 46. Les rapports officiels constatent et déplorent la faible influence restrictive exercée par l'instruction primaire sur la criminalité. Les départements où la population des illettrés est la plus forte sont loin d'être toujours ceux où les accusés sont les plus

Alfred Fouillée

nombreux, eu égard au chiffre de leur population. D'autre part, les campagnes, qui sont moins instruites, donnent 8 accusés par an sur 100,000 habitants, et les villes 16, juste le double. Le résultat est d'autant plus inquiétant que la force de prosélytisme, le prestige de l'exemple, l'influence dirigeante, en un mot, sont peu à peu enlevés aux professions libérales, où la criminalité n'est que de 9 accusés par an sur 100,000 personnes, pour passer non pas aux populations agricoles, où elle n'est que de 8 pour le même nombre de personnes, mais aux populations industrielles et commerçantes des villes, où elle est de 14 à 18. Les campagnes émigrent vers les villes. De 1851 à 1876, la population urbaine s'est élevée de 25 pour 100 à 32 pour 100. En même temps, les mœurs urbaines et les idées urbaines envahissent les campagnes : il en résulte un accroissement de la criminalité et, dans une certaine mesure, une démoralisation.

6.   Voir M. Tarde, la Statistique criminelle, dans la Revue philosophique, 1883.

7.   Ces livres seraient approuvés par l'unanimité d'une commission où la majorité et la minorité seraient représentées. Au besoin, ces ouvrages d'instruction précise pourraient affecter la forme que recommande M. Bluntschli quand il dit : « L'état, lui aussi, doit avoir son catéchisme. » Il ne serait pas aussi difficile qu'on le suppose de s'entendre sur la rédaction de ces catéchismes, auxquels on ajouterait des exemples pris dans l'histoire. L'essentiel, d'ailleurs, serait d'écarter absolument les questions religieuses ; pour être certain de ne point blesser les croyances, on pourrait s'entendre avec une commission de ministres des différents cultes et supprimer tout ce qui serait considéré comme blessant pour une des formes de la foi. Il ne faut pas, dans les questions de ce genre, que la majorité tienne la minorité comme non avenue, car il s'agit ici non d'une décision politique réclamant la simple majorité, mais d'un enseignement national réclamant l'unanimité.

8.   La nouvelle loi belge prend pour base de l'électorat la capacité, non censitaire, mais intellectuelle et morale. Un jury fait passer aux candidats un examen électoral, comprenant des questions très simples sur la morale, l'histoire de la Belgique, les institutions constitutionnelles, la lecture, l'écriture, le calcul, la géographie. Avant d'en arriver là, on avait fait des expériences sur les résultats de l'enseignement primaire : on a soumis les miliciens,

restés à l'école quatre ou six ans, à un examen d'une extrême simplicité. On leur a demandé, par exemple, quelles sont les quatre grandes villes du pays et les cours d'eau sur lesquels elles sont situées. 35 pour 100 n'ont fait aucune réponse ; 44 pour 100 n'ont fait qu'une réponse partielle. — A cette question : Par qui les lois sont-elles faites ? 50 pour 100 n'ont rien pu répondre ; 28 pour 100 ont répondu que les lois sont faites par le roi, ou par le roi et la reine, ou par les ministres, ou par le gouvernement, ou par le sénat ; 15 pour 100 ont satisfait à la question. Quand il a fallu citer un Belge illustre, 67 pour 100 ont cité des notabilités étrangères, prises dans tous les genres et dans tous les lieux ; 20 pour 100 n'ont pu citer que Léopold Ier ou Léopold II. Tels sont les effets insuffisants de la loi belge de 1842 sur l'instruction primaire. — En France, on devrait instituer des examens semblables dans les régiments et imposer l'examen électoral à tous les nouveaux électeurs.

9.   M. Bluntschli, sans entrer dans ces détails, propose à l'état pour modèle « la profonde habileté de l'église, » qui sait remplir les jeunes esprits de ses enseignements et qui consacre en quelque sorte l'entrée du chrétien dans la vie par ce qu'elle appelle la « confirmation. » M. Bluntschli voudrait, lui aussi, une sorte de « confirmation et de consécration civique. » — « Pour exercer les droits civiques, dit-il, il faudrait avoir reçu l'éducation civique ou subi un examen correspondant. Une fête nationale annuelle remémorerait au besoin cette consécration civique. Le sentiment de l'état grandirait ainsi dans les esprits, et la capacité intellectuelle ou morale de l'électeur serait mieux assurée. »

10.   En Belgique, on explique la constitution belge dans tous les établissements d'instruction secondaire. Cette instruction serait à sa place dans les classes de rhétorique et de philosophie. La morale civique et le droit usuel n'exigent pas de préparation spéciale, et un élève de rhétorique pourrait déjà en recevoir les premiers élément pour laisser à ces études leur juste part : dans la classe de philosophie, on reporterait dans les classes précédentes une partie du programme actuel de logique, de morale et même d'esthétique. Les professeurs de sciences seraient chargés de faire eux-mêmes une ou deux leçons sur la méthode propre de leur science. Le professeur d'histoire ferait une ou deux leçons sur la méthode historique. Le professeur de rhétorique pourrait déjà

Alfred Fouillée

donner quelques notions sur les arts. On déchargerait ainsi le programme de philosophie ; on y laisserait de la place pour un cours de droit politique et de droit usuel, qui serait fait au besoin par un professeur spécial.

11.   Des Formes de gouvernement, p. 109.

12.   Voir M. Bertrand-Desormeaux, Études philosophiques, t. II, p. 369.

13.   Faraday, apprenti relieur, comprit sa vocation en lisant un petit traité de chimie écrit pour tous.

ISBN : 978-1545405352

www.ingramcontent.com/pod-product-compliance
Lightning Source LLC
Chambersburg PA
CBHW072025280526
45788CB00007B/2675